RAPPORT

présenté à M. le Ministre de l'Instruction publique

AU NOM DU

CONSEIL DE L'UNIVERSITÉ

DE CAEN

pour l'année scolaire 1900-1901

PAR

M. Jules CABOUAT

Professeur à la Faculté de Droit de l'Université

CAEN

IMPRIMERIE E. LANIER

1 et 3, rue Guillaume-le-Conquérant

1901

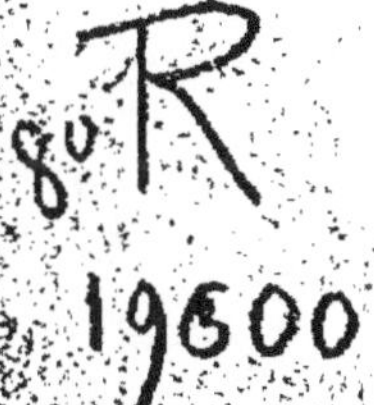

RAPPORT

présenté à M. le Ministre de l'Instruction publique

AU NOM DU

CONSEIL DE L'UNIVERSITÉ

DE CAEN

pour l'année scolaire 1900-1901

PAR

M. Jules CABOUAT

Professeur à la Faculté de Droit de l'Université

Monsieur le Ministre,

L'Université de Caen accomplit patiemment et méthodiquement sa tâche ; pénétrée de la responsabilité qu'elle tient de son autonomie même, elle entend concourir, pour sa part et par les moyens dont elle dispose, au développement intellectuel, moral et matériel de la région normande.

Les diverses et multiples manifestations de son activité se rapportent à cette pensée dominante ; elles attestent chez ses maîtres le sentiment toujours plus vif d'une intime et confiante solidarité, la volonté constante et unanime de constituer en

Normandie l'un de ces foyers d'études où la vie provinciale doit puiser une force d'expansion nouvelle, premier essai d'une décentralisation intellectuelle qui promet d'être fécond, digne couronnement de l'œuvre impérissable d'éducation nationale qui demeure l'un des titres d'honneur de la République.

J'ai l'honneur, Monsieur le Ministre, de vous présenter un état des travaux de l'Université de Normandie, pendant l'année scolaire 1900-1901 ; vous y sentirez vivre l'une de ces Universités dont la loi du 10 juillet 1896 a déclaré plutôt que constitué l'existence ; vous y saisirez, sur le vif, l'exercice prudent et refléchi de ces franchises dont le législateur les a investies pour le libre et entier accomplissement de leur mission éducatrice.

Mais avant de vous faire pénétrer dans le détail des travaux les plus récents de l'Université de Caen, je dois accomplir un devoir et rendre un dernier hommage, celui d'un ami, aux collègues que nous avons eu la douleur de perdre cette année : M. Lepetit, professeur honoraire à l'Ecole de Médecine et de Pharmacie ; M. Robert Toutain, professeur honoraire à la Faculté de Droit ; M. Léger, maître de conférences à la Faculté des sciences, professeur suppléant à l'Ecole de Médecine et de Pharmacie.

M. Lepetit était de ces hommes pour qui la science et l'étude demeurent la grande affaire de la vie. Professeur à l'Ecole de Médecine et de Pharmacie depuis 1855, M. Lepetit appartenait à cette génération vigoureuse qui, dès les dernières années de l'Empire, entreprenait, sous la forte impulsion de Duruy, cette rénovation des études supérieures dont nous constatons aujourd'hui la pleine réalisation.

Préparé à ses fonctions par de brillantes études qui l'eussent fixé à Paris, s'il n'eût préféré à tout autre séjour celui de notre ville, M. Lepetit a fait preuve dans son enseignement de qualités techniques et professionnelles auxquelles le Ministre de l'Instruction publique a plus d'une fois rendu hommage.

Admis à la retraite dès 1889, M. Lepetit n'a cessé de s'intéresser à nos travaux et de se tenir au courant des moindres incidents de la vie universitaire, témoignant par là d'un dévouement inaltérable et passionné à son École et à l'Université.

M. Robert Toutain, qu'une retraite prématurée nous enlevait, il y a un an à peine, appartenait à la Faculté de Droit depuis 1862 ; il y a occupé pendant plus de trente années, de 1869 à 1900, la chaire de Droit administratif.

Tous ceux qui ont suivi son enseignement si précis et si vivant, avec un grain de paradoxe où se jouait son imagination primesautière et hardie, pourraient témoigner des ressources inépuisables de son esprit étincelant et de cette dialectique subtile et serrée, privilège des jurisconsultes de race.

D'une prudence excessive, voisine de la défiance presque systématique à l'égard des nouveautés, M. Toutain n'appelait peut-être pas de ses vœux les plus ardents la reconstitution des Universités régionales ; mais aussi, quelle force il était pour la Faculté de Droit, et comme il y représentait puissamment ces fortes traditions de l'esprit juridique, l'une des plus solides et des plus authentiques manifestations du génie normand !

M. Louis Léger vient de nous être enlevé par un mal implacable, à la veille même de cette séance. Maître modeste et dévoué, travailleur consciencieux, épuisant les questions sur lesquelles se portait son effort, M. Léger était ancien élève de la Faculté des Sciences de Caen. Successivement chargé des fonctions de préparateur de botanique dès 1890, maître de conférences à la Faculté des Sciences, enfin professeur à l'Ecole de Médecine et de Pharmacie, M. Léger appartenait à l'Université de Normandie par un double lien que la mort vient de rompre. Demain la Faculté des Sciences et l'Ecole de Médecine lui rendront un suprême hommage ; il importait qu'aujourd'hui l'Université lui adressât un dernier adieu.

L'exposé méthodique des travaux d'une année universitaire implique une étude successive des actes accomplis par les multiples rouages, dont l'ensemble constitue l'Université elle-même : Conseil de l'Université, Facultés et Ecole.

Chargé d'imprimer à l'ensemble une direction supérieure, le Conseil de l'Université délibère sur les intérêts généraux et recherche les moyens de leur donner satisfaction. Organes scientifiques, les Facultés se manifestent sous trois aspects distincts : personnel enseignant, enseignement, étudiants.

I. — Conseil de l'Université

Le Conseil de l'Université issu des élections de janvier 1901, est d'une composition identique au précédent. Arrivés au terme de leurs pouvoirs triennaux, les membres du Conseil ont tous obtenu confirmation pure et simple de leurs mandats ; n'est-ce pas le plus éclatant témoignage qui pût leur être donné de la conscience et du zèle qu'ils déploient dans l'accomplissement de leur tâche ?

Actuellement, le Conseil de l'Université est ainsi composé :

Président du Conseil : M. le Recteur ZEVORT ;

Membres de droit : MM. VILLEY, doyen de la Faculté de Droit, *vice-président du Conseil.* — DE SAINT-GERMAIN, doyen de la Faculté des Sciences. — LEMERCIER, doyen de la Faculté des Lettres. — Docteur AUVRAY, directeur de l'Ecole de Médecine et de Pharmacie.

Membres élus : MM. DANJON et CABOUAT, représentants de la Faculté de Droit. — RIQUIER et BIGOT, représentants de la Faculté des sciences. — SOURIAU et HUGUET, représentants de la Faculté des Lettres. — Docteur GIDON, représentant de l'Ecole de Médecine et de Pharmacie.

Secrétaire élu : M. GILLET, secrétaire de la Faculté de Droit et de l'Université.

La principale question qu'ait maintenant à résoudre cette assemblée, est l'achèvement du Palais de l'Université, par la construction d'une quatrième aile en bordure de la rue Saint-Sauveur. Cette construction est devenue nécessaire pour donner à la Bibliothèque universitaire les locaux qui lui manquent actuellement.

Réduite à ses seules ressources, l'Université n'eût pu songer à entreprendre cette œuvre, si elle n'y avait été gracieusement aidée par les subventions que les assemblées locales lui ont libéralement accordées.

La ville de Caen qui ne recule devant aucun sacrifice pour soutenir sa vieille renommée de cité amie des arts et des sciences, le Conseil général du Calvados qui ne saurait se désintéresser d'un service d'utilité régionale tel que notre Université, ont consenti à nous donner un appui financier que M. le recteur Zevort a su déterminer par un simple et fidèle exposé de la situation.

Par délibération du Conseil municipal de Caen du 27 décembre 1900, une subvention trentenaire de 5,000 francs a été accordée à l'Université pour l'aider à rembourser l'emprunt qu'elle se propose de contracter; plus tard, par délibération du 20 août 1901, le Conseil général du Calvados a voté une subvention également trentenaire, de 2,000 francs affectée au même objet.

Munie de ces ressources, l'Université est à la veille de faire entrer son projet dans la phase de réalisation pratique ; déjà elle en a étudié les conditions d'exécution matérielles, plans et devis, avec un soin minutieux ; et bientôt sera commencée la construction de cette Bibliothèque où nos collections sans cesse accrues, trouveront la place qui leur est due, où nos étudiants seront assurés de trouver dans une salle spacieuse et bien éclairée, l'abri et les moyens de travail que l'Université doit leur fournir.

II. — Facultés et École

Personnel enseignant

Faculté de Droit.—M. Pilon chargé d'un cours de Code civil, en remplacement de M. Ambroise Colin, agrégé à la Faculté de Droit de Paris, nous est définitivement attaché en qualité d'agrégé, à la suite d'un remarquable concours où il a su, de concert avec M. Lerebours-Pigeonnière, notre ancien élève et lauréat maintes fois acclamé des concours annuels, soutenir brillamment le vieux renom de la Faculté de Droit de Caen.

C'est avec un sentiment de légitime fierté que nous saluons ce double succès. M. Lerebours-Pigeonnière, admis avec le n° 1, M. Pilon admis avec le n° 2 dans un concours particulièrement nombreux et ardemment disputé, viennent de renouer la chaîne de nos anciennes traditions et d'attester de la façon la plus éclatante que la Faculté normande est aujourd'hui, comme au temps de l'illustre Demolombe, un foyer de fortes études, autant qu'un centre d'active et féconde préparation à l'enseignemeut du droit.

En dehors du changement qui s'est si heureusement accompli dans la qualité de M. Pilon, la Faculté de Droit n'a subi cette année aucune modification de personnel.

Comme les années précédentes, M. Lainé des Hayes a été autorisé à occuper la chaire de Droit civil de M. Lebret, député du Calvados, au lieu et place de M. Astoul, désigné pour l'enseignement du Droit romain.

Les cours complémentaires de Licence et de Doctorat ont été pour l'année 1900-1901, répartis de la manière suivante :

Par arrêtés ministériels du 28 juillet 1900, ont été chargés des cours complémentaires suivants :

Principes de Droit public et Droit constitutionnel comparé, M. Villey.

Droit maritime, M. Danjon.

Législation et économie industrielles, M. Cabouat.

Économie politique (doctorat), M. René Worms.

Histoire des Doctrines économiques (doctorat), M. René Worms.

Éléments du Droit constitutionnel, M. Le Fur.

Droit civil, M. Pilon, docteur en droit, en remplacement de M. Ambroise Colin, agrégé près la Faculté de Droit de Paris.

Par arrêtés ministériels du 27 octobre 1900, ont été chargés des cours complémentaires suivants :

Histoire du Droit français (doctorat), M. Debray.

Droit administratif (doctorat), M. Biville.

Histoire générale de Droit français (licence), M. Aron.

Histoire de Droit public français (doctorat), M. Aron.

Enfin, par arrêté ministériel du 30 octobre 1900, M. Villey a été chargé du cours de *Législation financière* institué en vue de la licence et du doctorat.

Les enseignements institués par le Conseil de l'Université ont été ainsi répartis par arrêtés de M. le Recteur du 27 juillet et 10 novembre 1900 :

Coutume de Normandie, M. Astoul.

Cours de Droit civil approfondi et comparé, M. Danjon.

M. Guillouard, professeur de Droit civil, a été désigné comme membre du jury du concours d'agrégation de droit privé.

M. René Worms a reçu de l'Académie des Sciences morales et politiques, une récompense pour son mémoire sur les *Méthodes applicables à l'étude des faits sociaux* (Prix Bordin). De plus, notre collègue vient d'être élu correspondant de la Société nationale d'agriculture de France dans la section d'économie, statistique et législation agricole.

Faculté des Sciences. — Le personnel de la Faculté des Sciences a subi cette année un certain nombre de modifications.

Par arrêté du 7 décembre 1900, M. de Saint-Germain a été appelé pour la cinquième fois à l'honneur et aux responsabilités du décanat.

M. Riquier a été maintenu dans ses fonctions d'assesseur par arrêté du 28 janvier dernier.

Par arrêté ministériel du 30 octobre 1900, M. Octave Duboscq, ancien élève de la Faculté des Sciences de Caen, docteur en médecine et docteur ès-sciences, chef des travaux zoologiques de la Faculté des Sciences de Grenoble, a été nommé maître de conférences, en remplacement de notre regretté collègue, M. Huet.

Bien que cette mutation se soit produite assez tôt pour vous être signalée dès l'année dernière, il est utile néanmoins de la rappeler pour constater que M. Duboscq, désigné au choix de M. le Ministre de l'Instruction publique par de remarquables travaux de zoologie a su, depuis, conquérir par la haute valeur de son enseignement, l'estime de ses collègues de l'Université.

M. Poisnel chargé des fonctions de préparateur à la station agronomique et appelé sous les drapeaux au mois de novembre dernier, a été remplacé pendant l'année 1900-1901, par M. Boulin, ancien élève de l'Ecole normale de Caen ; M. Boulin s'est acquitté avec zèle de ses modestes mais si utiles fonctions, et M. le Doyen de la Faculté des Sciences se plaît à reconnaître qu'il a rendu d'importants services au laboratoire de la station agronomique.

Faculté des Lettres. — De nombreux changements dont l'un nous a causé une vive émotion que je dirai plus loin, se sont accomplis dans le personnel de la Faculté des Lettres.

M. Rainaud chargé de cours, a été nommé professeur titulaire de géographie (décret du 22 février 1901).

M. Goblot, chargé de cours, a été nommé professeur titulaire de philosophie (décret du 4 juillet 1901), en remplacement de M. Mabilleau, devenu professeur d'assurance et prévoyance sociales, au Conservatoire des Arts et Métiers et nommé professeur honoraire à la Faculté des Lettres de Caen (décret du 4 janvier 1901).

Ces nominations ont très heureusement pourvu aux vacances qui s'étaient produites, depuis quelque temps déjà, dans les chaires précitées ; toutes deux sont amplement justifiées par les services des nouveaux titulaires. L'Université de Caen ne pouvait s'adjoindre de plus sûrs collaborateurs ni plus dévoués au bien des études,

M. Jules Toutain, professeur-adjoint à la Faculté des Lettres, nous a quittés depuis quelques années pour exercer à Paris les fonctions de chargé de Conférences à l'Ecole des Hautes-Etudes.

Au cours de cette année, M. Jules Toutain a été nommé professeur suppléant à l'Ecole Normale superieure d'institutrices de Fontenay et en outre, examinateur d'admission et de sortie à l'Ecole navale.

M. Huguet professeur-adjoint, maître de conférences de grammaire et de philologie, a été désigné comme membre du jury d'agrégation de grammaire ; cette marque de confiance est due aux savants travaux d'érudition que M, Huguet a publiés sur la littérature du XVIe siècle, non moins qu'à l'excellence de son enseignement. Aussi émettons-nous ce vœu que le projet de création d'une chaire de grammaire et de philologie, sur lequel la Faculté et le Conseil de l'Université ont, ces jours derniers, émis un avis favorable, soit à bref délai suivi d'exécution et donne à notre collègue la place qui lui est due.

Je dois signaler enfin que par décret du 24 octobre 1901, M. Armand Gasté, professeur de littérature française a été admis, sur sa demande, à faire valoir ses droits à une pension de retraite et nommé professeur honoraire.

Cette retraite anticipée prive l'Université de Caen, de l'un de ses maîtres les plus aimés ; elle a suscité d'unanimes regrets dont M. Lemercier, doyen de la Faculté des Lettres, s'est fait l'éloquent et touchant interprète dans un passage de son rapport que je me fais un devoir de transcrire en entier :

« M. Armand Gasté n'a que soixante-trois ans.
« Entré dans l'enseignement à dix-sept ans, il
« compte quarante-six ans de services ininter-

« rompus. La maladie en effet, n'a jamais empêché
« M. Gasté de faire son devoir, tout son devoir.
« Quand la saison lui barrait le chemin de la Fa-
« culté, il réunissait les étudiants chez lui, et sa
« maison était trop petite pour les contenir. Pen-
« dant les examens, licence ou baccalauréat, il
« bravait la fatigue pour avoir le plaisir d'interro-
« ger les candidats qui l'aimaient autant pour sa
« bonté et son esprit, que pour son impeccable
« science. Le 13 juillet dernier, il prenait part à
« une soutenance de thèse avec un entrain et une
« vigueur qui nous autorisaient à croire qu'il ne se
« déciderait pas à nous quitter. Aussi fûmes-nous
« tous surpris d'apprendre qu'il ne nous apparte-
« nait plus qu'en qualité de professeur honoraire.
« Et notre tristesse (tristesse partagée par les plus
« hautes autorités universitaires) fut grande, de
« voir un homme de cette valeur, un de nos der-
« niers professeurs de la vieille roche, encore
« dans la plénitude de la force intellectuelle,
« renoncer volontairement à sa chaire. Mais sa
« retraite ne sera pas inactive. Homme de labeur
« incessant, il ne cessera pas de produire. Univer-
« sitaire dans l'âme, nous le consulterons toujours
« sur les intérêts de l'Université. Collègue aimable
« et aimé, causeur charmant, nous irons souvent
« l'entretenir au coin de son feu. Il nous dira sur-
« tout ses jeunes années de professorat, si animées,
« si heureuses, jusqu'au coup de foudre de 1870
« et que depuis l'année terrible, il n'a jamais connu
« de joie complète. Je reste sur cette pensée et sur
« le fait suivant. C'est pour nos étudiants que je le

« rappelle, pour qu'ils connaissent bien le maître
« qu'ils perdent et qu'ils sachent que ces esprits de
« savants sont des cœurs de patriotes. M. Armand
« Gasté, professeur au lycée du Mans a porté les
« armes pour la défense du pays avec les soldats
« de Chanzy, avec les braves gens qui tenaient
« si haut et si ferme le drapeau déchiré et le
« tronçon du glaive. M. Gasté méritait que cette
« note fut ajoutée à son dossier. (P. LEMERCIER) ».

MM. Rainaud et Besnier ont été nommés officiers
d'académie (arrêté du 27 juillet 1901).

M. Barbeau, délégué de l'Université de Caen aux
fêtes universitaires de Glasgow, a reçu, par une de
ces faveurs dont les Universités étrangères usent
parfois pour affirmer la solidarité internationale
de l'enseignement, le titre de docteur de cette
Université, titre si bien justifié en sa personne par
sa connaissance approfondie de la littérature et de
la civilisation anglaises.

Ecole de Médecine et de Pharmacie. —
M. le docteur Auvray, directeur de l'Ecole, a été
nommé chevalier de la Légion d'honneur par
décret du 14 décembre 1900. Les nombreuses géné-
rations d'étudiants que M. le docteur Auvray a
formées par son substantiel enseignement et d'une
manière générale, tous ceux qui ont pu apprécier son
éminent talent de praticien et la bonté franche et
profonde qu'il apporte à l'exercice si délicat de la
profession médicale, ont accueilli par d'unanimes
applaudissements une distinction qui honore autant
l'Ecole de Médecine que celui-là même à qui le
Gouvernement de la République l'a décernée.

Enfin, nous sommes heureux de faire connaître que l'Académie des Sciences vient de décerner le prix *Lallemand* à M. le Dr Catois pour ses remarquables *Recherches histologiques sur le cerveau des Poissons.* Cette récompense atteste la haute valeur du travail présenté par notre collègue pour l'obtention du grade de Docteur ès Sciences.

Durant l'année écoulée, les changements suivants se sont opérés dans le personnel de l'Ecole de Médecine :

M. Lelièvre a été nommé prosecteur et M. Aumond aide d'anatomie, en remplacement de MM. Bernard et Mariette.

MM. Lebreton, Desmousseaux et Lévesque ont été nommés préparateurs d'histoire naturelle, de physique et de chimie, en remplacement de MM. Torchet, Julien et Le Verrier, démissionnaires (arrêtés de M. le Recteur du 24 novembre 1900).

M. Frémont a été prorogé pour trois ans dans les fonctions de suppléant de pharmacie et de matière médicale.

Par arrêtés des 1er février et 19 mars 1901, M. le Ministre a décidé que deux concours seraient ouverts les 4 et 11 novembre prochain, devant la Faculté de Médecine de Paris, pour les emplois de suppléants de la chaire d'anatomie et de physiologie et de la chaire de pathologie et de clinique médicale, en remplacement de MM. Vigot et Gosselin.

Depuis quelques jours, le premier des concours annoncés s'est terminé par l'admission de M. le docteur Charbonnier fils. Que le nouveau profes-

seur suppléant d'anatomie et de physiologie reçoive à son entrée dans l'Université de Caen, notre cordiale et sympathique bienvenue. Il trouvera dans la carrière déjà longue de son père, un remarquable exemple de dévouement professionnel, qu'il lui suffira d'imiter pour devenir l'un des meilleurs ouvriers de l'œuvre à laquelle nous travaillons.

Signalons enfin que par arrêté du 20 mars 1901, M. le docteur Gidon fils, chef des travaux d'histoire naturelle, a obtenu un congé jusqu'à la fin de l'année scolaire ; pendant son absence, il a été suppléé dans ses fonctions par M. Vaullegeard, docteur ès sciences naturelles.

Nous apprenons à la dernière heure que M. Léger, docteur en médecine, vient d'obtenir la suppléance de pathologie et clinique médicale, après une série d'épreuves déclarées honorables par le jury du concours.

Enseignement

Sous ce chef, nous rendrons compte et des résultats de l'enseignement proprement dit, c'est-à-dire des cours organisés dans chaque Faculté ou Ecole par l'Etat ou l'Université, et des examens, concours ou distinctions qui servent de sanctions naturelles aux études et témoignent, en même temps, des résultats donnés par le travail de l'année.

Faculté de Droit. — A la Faculté de Droit, les cours et conférences ont réuni de nombreux auditeurs ; bien qu'ils n'y soient amenés que par la conscience de leurs devoirs, les étudiants ont fait preuve d'une assiduité soutenue.

Les étudiants en droit de 3e année, mettent toujours le même empressement à user de la faculté d'option qui leur a été concédée par le décret du 20 avril 1895.

Sur 51 étudiants inscrits,

19 ont opté pour le Droit maritime.

27 pour les Voies d'exécution.

5 pour la Législation financière.

Poursuivant une expérience qui a donné jusqu'ici d'excellents résultats, la Faculté de Droit a organisé cette année un enseignement public, dont M. René Worms a bien voulu se charger.

Cette année, M. Worms a continué la série de ses études sur le socialisme et particulièrement traité du *Socialisme en Allemagne au XIXe siècle*. Ce cours a été suivi par un grand nombre d'étudiants et de personnes étrangères à l'Université, mais aussi, nous tenons à le constater, par un groupe important d'élèves de la division supérieure de l'Ecole normale, encouragés à suivre cet enseignement par leur distingué directeur, M. Quenardel. Pour récompenser le zèle de ces derniers et affirmer le lien de l'enseignement supérieur et de l'enseignement primaire, la Société des Amis de l'Université de Normandie a décerné des prix à ceux d'entre ces jeunes élèves-maîtres dont les notes attestaient le plus de conscience, d'intelligence et de travail.

Sur 29 étudiants aspirants au doctorat,

15 ont opté pour le Doctorat ès sciences juridiques.

14 pour le Doctorat ès sciences politiques et économiques.

La statistique des examens subis devant la Faculté de Droit, durant l'année 1900-1901 doit être ainsi établie :

Faculté de Droit

STATISTIQUE DE L'ANNÉE SCOLAIRE 1900-1901

Nombre total des Étudiants en cours régulier d'études (Étudiants dont les inscriptions ne sont pas périmées) 375

Étudiants immatriculés pendant l'année, ayant déjà leurs inscriptions prises. 22

Nombre des inscriptions trimestrielles prises en 1900-1901 960

savoir :

Capacité			118
Baccalauréat	1re année. . . . 331		532
	2e année. . . . 201		
Licence.			198
Doctorat	Sciences juridique 56		112
	Sc. polit. et écon. . 56		
	Total égal . . .		960

En 1899-1900, 778 inscriptions prises.
En 1898-1899, 702 —

Examens

Nombre total des Examens subis devant la Faculté de Droit en 1900-1901 537

savoir :

	EXAMINÉS	ADMIS	AJOURNÉS
Examen de capacité	22	15	7
1er examen de Baccalauréat. .	114	83	31
2e examen) 1re partie . . .	76	61	15
de Baccalt) 2e partie . . .	86	81	5
Examen (Composit. écrites	70	64	6
de Licence) 1re partie orale .	81	65	16
(2e partie orale .	75	61	14
Doct. (scces) 1er examen. . .	22	16	6
juridiques)) 2e examen. . .	22	11	11
Doctorat (1er examen. . .	17	15	2
sc. polit.) 2e examen. . .	6	6	»
et économ. (			
Examen spécl (sc. polit. et écon.) .	1		»
Thèses) Sciences juridiq.	7	7	»
de Doctorat) Sc. polit. et écon.	7	7	»
Doctorat ès Lois de l'Univer- de Caen (2e examen)	1	1	»
	537	537	

Nombre des Diplômes et Certificats délivrés : 167

Certificats de Capacité en Droit. . . . 15
Diplômes de Bachelier en Droit 75
   —   de Licencié   — 63
   —   de Docteur en Droit (sc. jurid.) 7
   —   de Docteur en Droit (sc. polit.
      et économique) 7

Étudiants admis à leurs examens avec la mention *Éloge* :

Baccalauréat, 1er examen. — M. Dupont (Georges).

Baccalauréat, 2e examen, 2e épreuve. — M. Billehaut du Chaffault.

Licence, 1re et 2e partie. — MM. Leloutre (Amédée) et Quéru.

Doctorat, 1re examen (Sciences juridiques). — M. Bruneau.

Doctorat, 2e examen (Sciences juridiques). — MM. Gouget et Ruffelet.

Doctorat, 1er examen (Sciences politiques et écomiques. — M. Lehoc.

Thèse de Doctorat (Sc. politiques et économiques). — M. Cameau.

14 thèses de Doctorat ont été présentées et soutenues devant la Faculté de Droit.

Deux d'entre elles ont été particulièrement remarquées et jugées dignes de partager le prix fondé par le Conseil de l'Université pour encourager ces travaux.

La thèse de M. Cameau sur la *Représentation proportionnelle en Belgique*, contient la substance d'une enquête faite, dans le pays même, sur le fonctionnement et les effets de la nouvelle loi électorale belge du 29 décembre 1899. La Faculté lui a décerné un premier prix.

La thèse de M. Romet sur les *Marins-pêcheurs* constitue une monographie des plus intéressantes, fruit de consciencieuses recherches, que la Faculté a tenu à récompenser par un second prix.

Les concours de fin d'année institués pour la Licence ont donné les meilleurs résultats.

Nous signalerons notamment le concours de droit civil de 1re année, qui n'a pas réuni moins de 15 concurrents dont neuf ont été récompensés.

En troisième année, deux remarquables élèves, MM. Amédée Leloutre et René Quéru se sont partagé les prix. Aussi n'est-ce pas, sans de longues hésitations, que la Faculté s'est décidée à proposer M. Quéru pour la médaille décernée par la Société des Amis de l'Université, à l'élève le plus méritant. Mais nous sommes heureux de constater que, depuis cette décision, M. Leloutre a pris une éclatante revanche en obtenant la 2e mention au concours général des Facultés de Droit, avec un travail attestant au témoignage de M. Glasson, rapporteur du concours, « des études personnelles très approfondies ».

Ce succès fait honneur autant au lauréat qu'au jeune maître, M. Pilon, dont il a suivi la direction.

Faculté des Sciences. — L'objet principal de l'Enseignement distribué par la Faculté des Sciences est demeuré, ainsi que l'exigent les règlements, l'explication méthodique des matières portées aux programmes de l'année préparatoire aux études médicales et des certificats d'études supérieures.

Mais, loin de se borner à un enseignement théorique, la Faculté des Sciences a pris à tâche de développer chez ses élèves ce sens pratique qu'il leur est indispensable de posséder pour l'utilisation des notions scientifiques qu'ils ont pu acquérir au cours de leurs études.

De grands efforts, encouragés d'ailleurs par le bienveillant concours de l'Université, ont été faits en ce sens ; il n'est que juste de les faire connaître.

A ce point de vue, il convient de signaler tout d'abord que M. Guinchant a très heureusement complété et vivifié sa leçon hebdomadaire sur l'*Energie électrique*, par l'organisation de travaux pratiques correspondants.

Ces travaux organisés de concert avec M. Belloc dans le petit atelier ouvert par M. Houllevigue, présentent cet immense avantage d'exercer les étudiants à la construction, ainsi qu'à l'entretien et à la réparation d'appareils qu'ils sont destinés à retrouver plus tard dans les laboratoires d'industrie ou d'enseignement qu'ils peuvent avoir à diriger dans l'avenir.

De même, doit être signalé le cours de chimie industrielle, professé par M. Besson. Mais il est regrettable que la modicité des ressources mises à la disposition du professeur (300 francs pour les frais de cours, 200 francs pour le préparateur), ne permette pas de laisser aux étudiants, un libre et permanent accès au laboratoire des travaux pratiques, ainsi que peuvent le faire les Universités plus largement dotées.

Le cours de chimie agricole créé en 1890 par le Ministre de l'agriculture, s'affirme par un succès constant, dont tout l'honneur revient à M. Louïse.

Par une heureuse innovation, l'Université a entrepris de donner à cet enseignement une ampleur nouvelle, en l'augmentant de quinze leçons publiques sur les diverses branches de la science appliquée à l'agriculture (étude du sol et des eaux au point de vue agricole, maladies parasitaires des plantes et des animaux).

Quelques-unes de ces leçons, notamment sur le lait, ont .attiré jusqu'à 160 auditeurs autour de la chaire de M. Louïse.

. Notre savant collègue continue, au plus grand profit de la région normande et pour le meilleur renom de l'Université, à développer l'influence de la station agronomique.

Depuis une année environ, M. Louïse a mis au point une méthode nouvelle pour la fabrication des fromages à pâte molle et vulgarisé de précieuses indications sur les microorganismes qui peuvent contrarier l'évolution régulière de la fermentation.

M. Louïse poursuit en outre d'intéressantes recherches sur la fabrication du cidre, aujourd'hui encore livrée à l'empirisme. Puisse-t-il bientôt faire bénéficier la région normande de secrets de fabrication dont l'Allemagne a jusqu'ici, le fructueux monopole.

Parallèlement au cours de physique appliquée dont il est chargé, M. Guinchant a donné avec le concours de M. Belloc, chef des travaux, quatorze conférences du soir, sur les applications de l'électricité. Ces conférences ont été des plus suivies, elles ont groupé une centaine d'auditeurs, dont la plupart étaient des ouvriers de la ville, empressés à suivre l'enseignement à la fois théorique et pratique que leur offrait l'un des maîtres les plus distingués de notre Université.

Au laboratoire de Luc-s/-Mer, MM. Joyeux-Laffuie et Duboscq ont inauguré un cours de technique zoologique. L'objet de ce cours est de munir les étudiants de connaissances pratiques dont la vulgarisation ne saurait trouver place dans un enseignement général.

L'aménagement de quelques chambres dans les dépendances du laboratoire, permettra de donner aux travailleurs des facilités de résidence, qui contribueront largement au succès de cette initiative.

Signalons enfin que M. Bigot, auquel de savants travaux et une active collaboration à la carte géologique de France ont acquis une légitime autorité, vient d'être chargé par M. le Ministre de l'Intérieur, d'examiner les projets d'adduction d'eaux potables qui seront présentés dans les départements du Calvados, de la Manche et de l'Orne, pour l'alimentation des communes. Œuvre considérable dont notre collègue n'a pas hésité à accepter la lourde responsabilité et que la société des Amis de l'Université a encouragé d'une subvention de 600 francs, applicable aux frais de première installation.

Tous ces efforts sont appréciés et encouragés par l'administration centrale, et à cet égard, nous devons vous remercier, Monsieur le Ministre, de la subvention de 2,000 francs que vous avez accordée au laboratoire de physique, pour l'aider à acquérir un moteur et les appareils nécessaires à une bonne installation électrique.

Les examens subis en vue de l'obtention des certificats d'études supérieures ont été au nombre de 10 à la session de novembre 1900, de 31 à celle de juillet 1901, présentant ainsi un excédent de 4 sur les résultats de l'année 1899-1900. A la suite de ces épreuves, 24 certificats ont été accordés, donnant une proportion d'admission de 55,6 %, contre 52,5 % pour l'année précédente.

Au point de vue de leur objet, les certificats recherchés se répartissent ainsi :

N° 1. Eléments généraux
de mathématiques . . 5 candidats, 4 admis.
N° 3. Mécanique . . . . . 3 » 2 »
N° 5. Physique appliquée
et minéralogie . . . . 2 » 1 »
N° 5. Physique générale . 8 » 5 »
N° 6. Chimie générale . . 12 » 7 »
N° 7. Zoologie . . . . . 9 » 3 »
N° 8. Botanique . . . . 2 » 2 »
N° 9. Géologie . . . . . 3 » 0 »

Le certificat de chimie générale est toujours le plus recherché ; par contre, ceux de chimie industrielle et de calcul différentiel et intégral ont été délaissés.

Sur les 24 certificats, 4 l'ont été avec la note *bien*, à MM. Prunier, boursier de la Faculté ; Tabesse et Matte, répétiteurs au Lycée de Caen ; Ameline, étudiant en pharmacie.

Pour le certificat d'études physiques, chimiques et naturelles (P. C. N.), 12 candidats seulement se sont présentés, dont 8 ont été admis.

Pour les diverses séries scientifiques du baccalauréat, 230 candidats se sont présentés, sur lesquels 108 ont été admis, soit 43 %. L'année 1899-1900 n'ayant donné que 92 admissions sur 214 candidats, soit 40 %, un avantage marqué en ressort, tant pour le nombre absolu des candidats, que pour la proportion des admissions.

Envisagées séparément, les trois séries de baccalauréat ont donné les résultats suivants :

Classique :
Lettres-mathématiques .   113 candidats, 46 admis.
soit 40,7 %

Moderne :
Lettres-mathématiques .   81 candidats, 44 admis.
soit 51,3 %
Lettres-sciences   .   .   .   36 candidats, 18 admis.
soit 50 %

De ce tableau se dégagent deux observations intéressantes : la première, que les élèves qui suivent la classe de mathématiques élémentaires, au sortir de l'enseignement moderne, sont admis dans une proportion supérieure à celle de leurs camarades provenant de la classe de rhétorique classique ; le second, que l'apport des deux enseignements classique et moderne aux classes scientifiques est à peu près le même, 113 candidats provenant de l'enseignement classique, contre 117 provenant de l'enseignement moderne.

Faculté des Lettres. — L'enseignement de la Faculté des Lettres comprend des cours publics et des cours ou conférences fermés.

Les cours publics de MM. Tessier, Maurice

Souriau, Goblot et Besnier ont attiré cette année, comme les années précédentes, un public de lettrés ou de personnes s'intéressant aux études philosophiques ou historiques.

Les résultats des examens passés devant la Faculté des Lettres sont les suivants :

1° Certificat d'études françaises, institué par la Faculté à l'usage des étrangers ou des français résidant à l'étranger. Ce certificat conçu de manière à donner une sanction aux études des personnes qui suivent l'enseignement de la Faculté, sans aspirer à aucun des diplômes prévus par les règlements, n'a pas encore conquis la clientèle qu'il serait si désirable de lui voir acquérir.

2° Diplôme d'études supérieures d'histoire et de géographie. Ce diplôme délivré par la Faculté des Lettres a été recherché par trois candidats, dont deux l'ont effectivement obtenu.

Session de Décembre 1900

2 candidats. Admis, M. Max, avec un Mémoire sur *Richard II, duc de Normandie.*

Session de Juin 1901

1 candidat. Admis, M. Dutacq qui présentait un travail très étudié sur *la Loi agraire de Rullus.*

Session de Novembre 1900

3° Licence ès-lettres. Candidats inscrits, 23 (Philosophie, 2 ; Lettres, 14 ; Histoire, 3 ; Allemand, 2 ; Anglais, 2. Total, 23).

Sur ces 23 candidats, 17 ont été déclarés admissiples, 2 ajournés après examen oral ; admis au grade, 15.

Session de Juillet 1901

Candidats inscrits, 34 (Philosophie, 5 ; Lettres, 18 ; Histoire, 6 ; Allemand, 4 ; Anglais, 1. Total, 34),

Sur ces 34 candidats, 22 ont été déclarés admissibles, 3 ajournés après examen oral ; admis au grade, 15.

Session de Novembre 1900

4° Baccalauréat. 1re partie classique. Candidats inscrits, 242. Eliminés à l'examen écrit, 92 ; ajournés à l'oral, 35 : admis au grade, 115, soit 47,5 %.

Id. 2e partie classique. Lettres, Philosophie. Candidats inscrits, 130. Eliminés à l'examen écrit, 15 ; ajournés à l'oral, 35 ; admis au grade, 80, soit 61,5 %.

Baccalauréat ès-lettres ancien régime. Candidat inscrit, 1. Admis au grade, 1, soit 100 %.

Id. 1re partie moderne. Candidats inscrits, 79. Eliminés à l'examen écrit, 23 ; ajournés à l'examen oral, 15 ; admis au grade, 41, soit 51,8 %.

Id. 2e partie moderne. Lettres, Philosophie. Candidats inscrits, 13. Eliminés à l'examen écrit, 2 ; ajournés à l'examen oral, 3 ; admis au grade, 8, soit 61,5 %.

Session de Mars 1901

2e partie classique. Lettres, Philosophie. Candidats inscrits, 39. Eliminés à l'examen écrit, 0 ;

ajournés à l'examen oral, 9 ; admis au grade, 30, soit 76,9 %.

2e partie moderne. Lettres, Philosophie. Candidats inscrits, 3. Eliminés à l'examen écrit, 0 ; ajournés à l'examen oral, 1 ; admis au grade, 2, soit 66,6 %.

Session de Juillet 1901

1re partie classique. Candidats inscrits, 490. Eliminés à l'examen écrit, 271 ; ajournés à l'examen oral, 36 ; admis au grade, 183, soit 37,3 %.

2e partie classique. Lettres, Philosophie. Candidats inscrits, 233. Eliminés à l'examen écrit, 80 ; ajournés à l'examen oral, 31 ; admis au grade, 122, soit 52,3 %.

1re partie moderne. Candidats inscrits, 168. Eliminés à l'examen écrit, 72 ; ajournés à l'examen oral, 18 ; admis au grade, 78, soit 46,0 %.

2e partie moderne. Lettres, Philosophie. Candidats inscrits, 12. Eliminés à l'examen écrit, 1 ; ajournés à l'examen oral, 4 ; admis au grade, 7, soit 58,3 %.

Les résultats donnés par les divers concours d'agrégation auxquels conduit l'enseignement de la Faculté des Lettres, ont attesté une fois de plus, l'excellence de la préparation qu'y reçoivent les candidats. Nous sommes heureux de consigner dans ce rapport les succès suivants :

Agrégation d'allemand, M. Filhol, étudiant de la Faculté, admis avec le n° 2.

Agrégation d'anglais, M. Douady, ancien étudiant boursier à la Faculté, admis avec le n° 2.

Agrégation de grammaire, M. Lelou, étudiant de la Faculté, admis avec le n° 13.

M. Guillemoteau, étudiant à la Faculté, admissible avec le n° 11 à la même agrégation, a été contraint par la maladie de se retirer du concours avant d'avoir pu fournir la série entière des épreuves.

Le Conseil de l'Université a muni de bourses de voyage deux étudiants de la Faculté des Lettres, MM. Villat, licencié ès lettres et licencié d'histoire et Le Bourgeois, licencié d'allemand.

La médaille de la Société des Amis de l'Université de Normandie a été attribuée *ex æquo* à MM. Dutacq et Fernberg.

La Faculté des Lettres remercie M. le Recteur Zevort, président de la Société des Amis de l'Université, d'avoir bien voulu accorder cette année deux médailles pour être remises à chacun des lauréats d'autant plus dignes de cette récompense qu'ils ont démontré par leur double qualité d'étudiants en lettres et en droit, la possibilité pratique d'une pénétration des études littéraires et juridiques qui mérite d'être encouragée.

L'activité de la Faculté des Lettres ne s'est pas exclusivement bornée à la distribution de l'enseignement dont elle est chargée ; préoccupée, à juste titre, de contribuer au progrès de la haute culture, son attention s'est portée sur diverses questions d'ordre général, telles que la réforme du baccalauréat et l'organisation d'un enseignement littéraire qui pourrait servir d'introduction aux études de droit.

Sans insister sur ces questions, entourées de trop de difficultés pour qu'on en puisse espérer une solution prochaine, la Faculté des Lettres a, du moins, réussi à créer une agitation qui peut être féconde autour d'une question du plus haut intérêt : celle d'une refonte des programmes actuels de la licence ès lettres et de la création d'une série de certificats analogues à ceux qui sont, depuis quelques années, délivrés par la Faculté des Sciences. M. le doyen Lemercier, a été chargé par la Faculté de lui présenter un rapport sur les voies et moyens de réalisation pratique d'une réforme qui aurait, entre autres avantages, celui de donner aux études assez de souplesse pour permettre aux aptitudes les plus variées de se faire jour.

L'année 1900-1901 a été marquée par un événement qui devrait se produire plus fréquemment auprès des Facultés de départements. Au mois de juin dernier, M. l'abbé Eugène Griselle a soutenu devant la Faculté des Lettres, deux thèses, l'une sur *Bourdaloue*, l'autre *De Bossuetii munere pastorali*.

Après une soutenance des plus animées, M. Griselle a été admis au grade de docteur ès-lettres avec la mention *très honorable*.

Ecole de Médecine et de Pharmacie. — La statistique des épreuves subies devant cet établissement, se décompose comme suit :

Session de Novembre 1900

Doctorat, 1er examen. 4 candidats, admis au grade, 3.

Sage-femme. 1 aspirante, admise au grade.

Pharmacie, 1re année. Trois élèves ajournés à la session de juillet 1900 ont subi avec succès, à la session de novembre, leur examen de fin d'année.

Id. 2e année. Sur les 5 étudiants ajournés de la session de juillet 1900, 3 ont été admis, 2 ajournés.

Examens probatoires :

1er examen	. . .	4 candidats, admis au grade, 3
2e »	. . . 4	»	»	»	2
3e »	1re partie, 4	»	»	»	3
3e »	2e » 3	»	»	»	3

Stage. Sur les 13 candidats présentés à l'examen, 7 ont obtenu la validation de leur stage officiel.

Herboriste de 2e classe. 1 candidat admis.

Session d'Avril 1901

Doctorat, 1er examen. Sur 14 candidats, 14 admis, dont 6 avec la mention *très bien.*

2e examen. Sur 4 candidats, 4 admis avec la mention *bien.*

En résumé, sur 60 examens subis devant l'Ecole pendant les sessions de novembre 1900 et avril 1901, 47 admissions ont été prononcées.

Etudiants

La population scolaire de l'Université de Caen présente, cette année, une situation des plus favorables, et à ne tenir compte que de cet élément de vie et d'activité des établissements d'enseignement supérieur, il est permis d'affirmer que, depuis de longues années, la vitalité de notre Université ne s'était plus énergiquement affirmée.

Faculté de Droit. — Au point de vue du nombre des étudiants, la Faculté de Droit de Caen est entrée, dans une période de remarquable prospérité.

960 inscriptions ont été prises au cours de l'année écoulée, contre 778 seulement en 1900, ce qui porte le chiffre total d'étudiants en cours d'inscription (c'est-à-dire ayant pris des inscriptions au cours de l'année, ou ayant des inscriptions antérieures non périmées) à 375, contre 344 en 1900, soit un gain de 31 unités.

Pour trouver un précédent à cet accroissement du nombre des élèves de la Faculté de Droit, il faut remonter aux années 1871-1872 (916 inscriptions) et 1872-1873 (979 inscriptions); mais l'afflux exceptionnel d'étudiants n'étant alors que le résultat tout à fait exceptionnel des perturbations apportées au cours des études par la guerre de 1870, devait être un phénomène purement transitoire, alors qu'aujourd'hui, rien ne nous interdit de le considérer comme l'indice d'une situation nouvelle que l'avenir consolidera.

Faculté des Sciences. — Le nombre des étudiants en licence résidant à Caen a été de 24, supérieur de 2 unités à celui de 1900.

Les cours de Calcul infinitesimal et de Mécanique

ont compté cinq élèves excellents, auditoire peu nombreux auquel se trouve malheureusement réduit cet enseignement, par l'étroitesse de débouchés offerts dans les établissements universitaires à l'étude des mathématiques pures.

L'auditoire des cours de Sciences physiques et naturelles s'est maintenu au chiffre habituel ; quelques étudiants de la Faculté des Sciences ont spécialement étudié les applications de la physique et de la chimie, et se sont ainsi préparés à s'employer utilement dans l'industrie.

Au point de vue de leur origine, les 24 étudiants de licence comprennent 2 boursiers de l'Etat, 2 boursiers du Calvados, 2 étudiants en pharmacie, 1 préparateur en congé, 9 élèves libres et 8 répétiteurs du Lycée de Caen. « Ces maîtres, écrit M. de « Saint Germain, doyen de la Faculté des Sciences, « nous donnent maintenant satisfaction par leur « travail et leurs progrès; certains d'entre eux « peuvent être cités avec éloges, MM. Matte, « Follain et surtout M. Tabesse, que nous espérons « voir arriver à l'agrégation de physique »

Grâce à l'heureuse initiative de M. Houllevigue, professeur de physique, un groupe d'étudiants-correspondants, s'est récemment constitué. Ceux-ci reçoivent chaque semaine un résumé du cours de Physique avec des exercices à traiter. Pendant la semaine de Pâques, ces correspondants ont assisté à douze séances de travaux pratiques organisés spécialement, à leur intention, par MM. Houllevigue et Belloc, qui ont ainsi donné une preuve de dévoûment que nous devions signaler.

L'année préparatoire aux Sciences physiques, chimiques et naturelles (P. C. N.) a compté seulement quinze étudiants dont l'un, M. Marie obtient la médaille offerte au plus méritant des étudiants de la Faculté des Sciences, par la société des Amis de l'Université.

Deux correspondants se sont présentés pour la préparation à l'agrégation des Sciences mathématiques : M. Thomas, professeur au Collège de Bayeux et M. Vasseur, professeur libre au Havre ; M. Lelieuvre les a guidés dans leurs travaux et corrigé leurs essais.

Tel est l'effectif des étudiants réguliers, effectif auquel il convient de joindre les 160 auditeurs du cours de Chimie agricole et les 110 du cours d'électricité industrielle.

Ajoutons enfin qu'un certain nombre de travailleurs ont été admis à travailler aux laboratoires de la Faculté des Sciences, pour la préparation de leurs thèses de doctorat. C'est ainsi que M. Belloc, préparateur de physique et M. Rivard, préparateur au Lycée Malherbe, ont pu spécialement étudier les questions relatives à l'électricité et que M. Blandin, répétiteur au Lycée de Caen, a pu se livrer, au laboratoire de Botanique à des recherches originales.

Faculté des Lettres. — 124 étudiants ont été immatriculés sur les registres de la Faculté, dont 6 allemands et 2 anglais.

Ecole de Médecine et de Pharmacie. — L'effectif scolaire de cet établissement est de

33 étudiants en médecine, 5 élèves sages-femmes et 46 étudiants en pharmacie, dont 5 pour la 1re classe, soit en tout 84 élèves.

Les étudiants en médecine ont pris 117 inscriptions pendant l'année scolaire et les étudiants en pharmacie 137, soit 254 inscriptions pour les deux catégories d'étudiants.

Pendant la précédente année scolaire, il avait été pris 136 inscriptions par les étudiants en médecine et 175 par les étudiants en pharmacie, d'où une différence en moins de 57 inscriptions pour 1900-1901.

Extension universitaire

Cet exposé officiel des travaux de l'Université de Caen ne donnerait qu'une idée incomplète de son activité et de son influence intellectuelle sur la région, si je n'ajoutais qu'un grand nombre de ses maîtres ont entrepris de porter leur enseignement sur les divers points du territoire de l'Académie et de réaliser ce qu'on a appelé, d'un mot heureux et juste, « l'extension universitaire. »

Cette œuvre dont la direction appartient à M. Maurice Souriau, a donné les meilleurs résultats. A Cherbourg, à Saint-Lô, à Alençon, notre Université est maintenant connue autrement que par la collation des grades, je veux dire par la parole de ses maîtres, par leur esprit de libre recherche et de scientifique examen.

La vitalité de l'œuvre est aujourd'hui établie et son avenir d'autant mieux assuré qu'elle provo-

quera, comme à Cherbourg ,un mouvement intellectuel dont l'Université de Caen, après en avoir pris
l'initiative, demeurera l'organe directeur.

**

J'ai terminé, Monsieur le Ministre, le rapport que
je devais vous présenter au nom du Conseil de
l'Université de Caen, sur les travaux de cette
Université, durant l'année scolaire 1900-1901.

Sans vain optimisme, nous sommes en droit
d'affirmer que notre Université entre dans une
période de réelle prospérité. Les succès qu'elle a
obtenus dans les divers ordres d'enseignement,
et l'augmentation de sa population scolaire, lui per-
mettent d'envisager l'avenir avec confiance.

Aussi bien, a-t-elle en elle-même et autour d'elle
les éléments d'une utile et longue carrière. Appuyée
sur la Société des Amis de l'Université de Normandie qui réunit, en une pensée supérieure de
progrès intellectuel et moral, tout ce que la région
normande compte d'amis des sciences et des
lettres ; soutenue par des assemblées municipales
et départementales également prêtes à lui donner
le concours qui lui est nécessaire, l'Université de
Normandie peut reprendre son œuvre avec cette
réconfortante certitude que donnent les longs
espoirs et les vastes pensées ; elle est sûre de les
réaliser.

Publications des Professeurs

Faculté de Droit

M. GUILLOUARD : *Traité de la Prescription*, T. II, art. 2266-2281. Paris, 1 vol. in-8, Pedone.

Traité de la Prescription, T. I, art. 2219-2265. Deuxième édition, Paris, 1 vol. in-8, Pedone.

M. CABOUAT : *Traité des accidents du travail* (Exposé du système de responsabilité et d'indemnisation établi par la loi du 9 avril 1898). T. I, 1 vol gr. in-8 (I-III, 459 p.), Paris 1901, Larose.

Coopératives et syndicats (Revue internationale de Sociologie, juin 1901).

Le droit d'association et la République, Caen 1901.

La Conférence de la Haye, publication de la Société des Amis de l'Université de Normandie.

L'enseignement de la Prévoyance, communication au XXIe Congrès de la Ligue française de l'Enseignement. Caen, août 1901.

M. BIVILLE : *L'action morale* (Revue du Christianisme social), 1900.

Le Chrétien et les Ligues morales et sociales, ibid. 1901.

M. René WORMS : 1° *Le quatrième Congrès international de Sociologie*, brochure in-8 ;

2° *Les travaux de la Société de Sociologie de Paris, de 1898 à 1900* (Revue internationale de Sociologie, décembre 1900) ;

3° *La Richesse et le Pouvoir* (id., juin 1901) ;

4° *La Mécanique sociale* (Annales de l'Institut international de Sociologie, t. VII) ;

5° *Les Associations industrielles et la solution pacifique des grèves* (id.) ;

6° *Sur les Bons d'importation* (Journal des Economistes, mars 1901) ;

7° *Le Collectivisme et la Propriété rurale ;* I, *la Doctrine économique* (Revue internationale de Sociologie, avril 1901) ;

8° *L'Enseignement agricole dans les Universités* (Revue internationale de l'Enseignement, août 1901 ;

9° *Le Métayage et la participation aux bénéfices dans l'Agriculture* (Journal des Economistes, octobre 1901) ;

10° *Un Prince anarchiste*, conférence publiée par la Société des Amis de l'Université de Normandie) ;

11° *Le Gouvernement*, article du Répertoire de droit administratif ;

12° *Des Méthodes applicables à l'étude des faits sociaux*, mémoire récompensé par l'Académie des Sciences morales et politiques.

Publication du tome IX de la *Revue internationale de Sociologie*, du tome VII des *Annales de l'Institut international de Sociologie*, des tomes XXIII et XXIV de la *Bibliothèque sociologique internationale*.

M. ARON : *Étude sur les lois successorales de la Révolution, depuis 1789 jusqu'à la promulgation du Code civil* (Nouvelle Revue historique de Droit français et étranger, juillet 1901).

Faculté des Sciences

Mathématiques

M. RIQUIER, professeur de calcul différentiel et intégral :

1° *De la distinction entre les sciences déductives et les sciences expérimentales* (Revue de Métaphysique et de Morale, novembre 1900);

2° *Sur le degré de généralité d'un système différentiel quelconque* (Stockholm, Acta mathematica, t. XXV);

3° *Le Pari sur Dieu* (Revue occidentale, septembre 1901);

4° *Sur les systèmes différentiels dont l'intégration se ramène à celle d'équations différentielles totales* (mémoire actuellement sous presse);

5° En collaboration avec M. LOUÏSE, *Sur le calcul de l'écrémage et du mouillage dans l'analyse du lait* (C. R. de l'Acad. des Sciences, 22 avril 1901);

M. DE SAINT-GERMAIN, professeur de Mécanique :

Sur les solides dont le volume peut s'exprimer à

l'aide de deux formules élémentaires (Nouvelles Annales de Mathématiques, mars 1901).

Note sur la tension de la tige du pendule sphérique (Bulletin des Sc. mathématiques, octobre 1901).

M. LELIÉUVRE, maître de conférences : *Sur les polygones de Poncelet* (Enseignement mathématique, 1901).

Sur la théorie des déterminants (Ibid.).

Sur l'équation aux six rapports anharmoniques et son application à la théorie des formes cubiques et biquadratiques binaires. (Revue de mathém. spéciales, 1901).

Sur certaines relations involutives (Ibid.).

Sur la multiplication de l'argument des fonctions elliptiques (Bull. des Sc. mathém., 1901).

Notes sur certaines relations involutives (C. R. de l'Acad. des Sciences, 1901).

Laboratoire de Physique

M. HOULLEVIGUE, professeur : 1° *L'électrochimie* (Revue de P. ris, août 1901) ;

2° *L'Illusion de la vie* (Après l'école, avril 1901) ;

3° *Les Forces naturelles* (id., novembre 1901);

4° *Comptes rendus et analyses scientifiques* (Journal de Physique, passim).

M. GUINCHANT, maître de conférences : *Compres-*

sion des dissolutions (C. R. de l'Acad. des Sciences, t. CXXXII, p. 469).

Analyses de Mémoires étrangers (Journal de Physique, août 1901).

Laboratoire de Chimie

M. Louïse, professeur : 1° En collaboration avec M. Riquier : *Calcul de l'écrémage et du mouillage dans l'analyse du lait.* (C. R. de l'Acad. des Sciences, 22 avril 1901).

2° *Mémoire sur la même question* (Bulletin officiel du Ministère de l'Agriculture).

3° *Contribution à l'étude du cidre* (Deux communications à la Société nationale d'Agriculture de France).

4° *Des industries du lait en Basse-Normandie* (Revue Scientifique, 1901).

M. Besson, professeur adjoint : *Sur la préparation de l'oxyde phosphoreux* (C. R. de l'Acad. des Sciences, 24 juin 1901).

Laboratoires de Zoologie de Caen et de Luc-sur-Mer

M. Joyeux-Laffuie, professeur : 1° *La Pêche en bateau le long des côtes,* Chapitre de 72 pages et 76 figures pour l'ouvrage *La Pêche moderne,* qui va paraître prochainement à la librairie Larousse.

2º *Les Ennemis des poissons,* chapitre de 15 pages et 11 figures pour le même ouvrage.

M. O. DUBOSCQ, maître de conférences, en collaboration avec M. LÉGER, professeur à l'Université de Grenoble : 1º *Notes biologiques sur les Grillons ;* IV, *Secrétion intestinale* (Arch. Zool. Expér. Notes et Revue, nº 4, 1900) ;

2º *Sur les premiers stades du développement de quelques Polycistidées* (C. R. de l'Acad. des Sciences, 2 septembre 1901) ;

M. DUBOSCQ: 3º *Sur l'évolution du testicule de la sacculine.* (Arch. Zool. expér. Notes et Revue, nº 2, 1901 ;

4º *Analyses diverses, in* Année biologique pour 1899, mars 1901 ;

M. LÉGER, professeur à l'Université de Grenoble : *Les éléments sexuels et la copulation chez les Stylorhynchus* (C. R. de l'Acad. des Sciences, 26 août 1901).

M. A. WALLER, professeur de physiologie à Londres : *Recherches physiologiques sur l'appareil électrique des Raies.* (Congrès de Turin, septembre 1901).

Laboratoire de Botanique

M. LIGNIER, professeur : 1º *L'ère de la Science et le rôle futur de l'Université de Caen* (Discours prononcé à la rentrée des Facultés, novembre 1900).

2° *Végétaux fossiles de Normandie.* — III. *Etude anatomique du* Cycadeoidea micromyela *Mor.* 141 p., 24 dessins dans le texte, 1 pl. (Mém. de la Soc. Linn. de Norm., t. XX, mars 1901).

3° *Sur une Canne pour excursions botaniques,* avec fig. (Congrès de l'Assoc. franc., Ajaccio, 1901).

M. Jules LÉGER, maître de conférences : Sur *l'Orientation de la feuille en Anatomie végétale* (Bull. de la Soc. linnéenne de Normandie, 1900).

M. TISON, chef des travaux : 1° *Ce que devient la trace foliaire des Dicotylédones après la chute de la feuille* (en voie de publication).

2° *Sur l'allongement des faisceaux foliaires des Gymnospermes en raison de l'accroissement diamétral de la tige* (en voie de publication).

Faculté des Lettres

M. TESSIER : *Le Prétendu guet-apens de Toung-Tcheou.* Sous presse (Mémoires de l'Académie de Caen).

M. GASTÉ : 1° *Les Tombeaux des Matignon à Torigny-sur-Vire.* — Paris, Plon, Nourrit et Cie. (Extrait du Bulletin des Sociétés des Beaux-Arts des départements).

2° *Incendie du Musée d'Avranches.* (Catalogue des tableaux, dessins et sculptures). Bulletin de la Société des Beaux-Arts de Caen).

— 47 —

3° *Lettres inédites de P. D. Huet à son neveu de Charsigné* (suite) (Mémoires de l'Académie des Sciences, Arts et Belles Lettres de Caen).

4° *Sous presse : Voltaire à Caen* (1713) (Le salon de Mme d'Osseville. — Le P. de Couvrigny). (Mémoires de l'Acad. de Caen).

5° *Madeleine de Scudéry et le Dialogue des Héros de Roman de Boileau* (Mémoires de l'Acad. de Rouen).

6° *Jean Racine et Pierre Bardou, prieur de la Vaux* (Revue d'Histoire littéraire de la France).

7° *Voltaire et l'abbé Asselin* (Une '' première '' célèbre au Collège d'Harcourt. *La Mort de César* représentée le 11 août 1835 (Revue des Langues Romanes).

M. SOURIAU : 1° *Une aventure de Bernardin de Saint-Pierre, à l'Ile de France* (Dans la Revue des Cours et Conférences).

2° *Conférence sur l'Aiglon de M. Ed. Rostand* (Publication de la S. A. U. N).

3° *Voyage d'Encausse faict par « Messieurs Chappelle et Bachaumont »* (Nouvelle édition, conforme à un manuscrit inédit, avec une préface critique, Caen, L. Jouan, 1901.

M. J. TOUTAIN : 1° Collaboration, comme auxiliaire de l'Institut, au premier fascicule des *Inscriptiones græcæ ad Res Romanas pertinentes*, publiées par l'Académie des Inscriptions.

2° Articles *Libum, Lucerna, Ludi publici*, dans le Dictionnaire des Antiquités grecques et romaines de Daremberg et Saglio.

3° Articles dans la Grande Encyclopédie, entre autres *Sacrifice, Sénat romain, Septime Sévère, Sparte, Strabon, Sylla, Tacite*, les *Tarquins, Temple*, etc., etc.

4° *Histoire ancienne des peuples de l'Orient.* Paris, Belin, 1901.

4° Collaboration à la *Revue Internationale de l'Enseignement*, à la *Revue Critique*, à la *Revue Historique*, à la *Revue pédagogique*, à la *Revue de l'Histoire des Religions*.

M. HUGUET : *Quelques Sources de Notre-Dame de Paris*, 1er article (Revue de l'Histoire littéraire de la France, mars 1901).

M. GOBLOT : 1° *La finalité sans intelligence* (Revue de métaphysique et de morale, juillet 1900).

2° *Le Vocabulaire philosophique*, 1 vol. in. 12, XIII-489 pp. (Paris, A. Colin, 1901).

3° *La Musique descriptive* (Revue philosophique, août 1901).

4° Collaboration à *Angers-Artiste* (Esthétique et critique musicales).

5° Collaboration à la *Revue philosophique*.

M. BESNIER : 1ᵉ Les Cartes vaticanes ; une vue de Rome en 1631. (*Mélanges d'archéologie et d'histoire de l'Ecole française de Rome*, tome XX, 1900).

2° *Carthage punique.* — Publication de la S. A. U. N.

3° *Topographie de Rome antique.* (*Bibliothèque des Bibliographies critiques,* 1901).

4° En collaboration avec M. CAGNAT : Revue des publications épigraphiques relatives à l'antiquité romaine (*Revue archéologique,* 1900 et 1901).

5° Collaboration à la *Revue Historique,* à la *Revue Critique,* au *Bulletin Critique,* à la *Revue Internationale de l'Enseignement.*

École de Médecine et de Pharmacie

M. le Dr BARETTE : *Appendicite gangréneuse hypertorique* et *ictère* (Académie de Médecine, 15 mars 1901).

M. le Dr CATOIS : *Recherches histologiques sur le cerveau des poissons* (thèse pour le Doctorat ès Sciences, soutenue en Sorbonne, le 22 mars 1901. — Mémoire couronné par l'Institut. *Prix Lallemand 1901*), 180 pages, 10 planches.

M. le Dr GUILLET : *Rein mobile.* — *Pathogénie et indication opératoire* (mémoire lu au Congrès d'urologie).

M. DEMERLIAC : *Sur l'emploi du résonateur Oudin pour la production des rayons X* (communication à l'Académie des Sciences).

M. le Dr VIGOT : *Faut-il serrer le ventre des nouvelles accouchées ? — Malformations multiples chez un fœtus d'environ trois mois. — Pneumographie chez les tuberculeux. — Quelques expériences sur l'eau oxygénée. — Une visite à la Goutte de lait* (travaux parus dans l'Année médicale de Caen).

CAEN — IMPRIMERIE E. LANIER, 1 & 3, RUE GUILLAUME — B, 3171